Cornelia Haas · Ulrich Renz

My Most Beautiful Dream

Minun kaikista kaunein uneni

Bilingual children's picture book
with online audio and video

Translation:

Sefâ Jesse Konuk Agnew (English)

Janika Tuulia Konttinen (Finnish)

Audiobook and video:

www.sefa-bilingual.com/bonus

Password for free access:

English: **BDEN1423**

Finnish: **BDFI1518**

Lulu can't fall asleep. Everyone else is dreaming already – the shark, the elephant, the little mouse, the dragon, the kangaroo, the knight, the monkey, the pilot. And the lion cub. Even the bear has trouble keeping his eyes open ...

Hey bear, will you take me along into your dream?

Lulu ei pysty nukahtamaan. Kaikki muut näkevät jo unta – hai, elefantti, pieni hiiri, lohikäärme, kenguru, ritari, apina, lentäjä. Ja vauvaleijona. Myös nallen silmät painuvat jo melkein kiinni ...

Hei nalle, otatko minut mukaan uneesi?

And with that, Lulu finds herself in bear dreamland. The bear catches fish in Lake Tagayumi. And Lulu wonders, who could be living up there in the trees?

When the dream is over, Lulu wants to go on another adventure. Come along, let's visit the shark! What could he be dreaming?

Ja niin jo on Lulu Nalle-Unimaassa. Nalle kalastaa Tagayumi-järvellä. Ja Lulu
ihmettelee, kuka tuolla ylhäällä puissa mahtaa asua?

Kun uni päättyy, tahtoo Lulu seikkailla vielä lisää. Tule mukaan, menemme
käymään hain luona! Mistä se mahtaa nähdä unta?

The shark plays tag with the fish. Finally he's got some friends! Nobody's afraid of his sharp teeth.

When the dream is over, Lulu wants to go on another adventure. Come along, let's visit the elephant! What could he be dreaming?

Hai leikkii hippaa kalojen kanssa. Vihdoinkin hänellä on ystäviä! Kukaan ei pelkää hänen teräviä hampaitaan.

Kun uni päättyy, tahtoo Lulu seikkailla vielä lisää. Tulkaa mukaan, menemme käymään elefantin luona! Mistä se mahtaa nähdä unta?

The elephant is as light as a feather and can fly! He's about to land on the celestial meadow.

When the dream is over, Lulu wants to go on another adventure. Come along, let's visit the little mouse! What could she be dreaming?

Elefantti on kevyt kuin höyhen ja pystyy lentämään! Pian se laskeutuu
taivasniitylle.

Kun uni päättyy, tahtoo Lulu seikkailla vielä lisää. Tulkaa mukaan,
menemme käymään pienen hiiren luona! Mistä se mahtaa nähdä unta?

The little mouse watches the fair. She likes the roller coaster best.
When the dream is over, Lulu wants to go on another adventure. Come
along, let's visit the dragon! What could she be dreaming?

Pieni hiiri katselee tivolia. Eniten hän pitää vuoristoradasta.
Kun uni päättyy, tahtoo Lulu seikkailla vielä lisää. Tulkaa mukaan,
menemme käymään lohikäärmeen luona! Mistä se mahtaa nähdä unta?

The dragon is thirsty from spitting fire. She'd like to drink up the whole lemonade lake.

When the dream is over, Lulu wants to go on another adventure. Come along, let's visit the kangaroo! What could she be dreaming?

Lohikäärmeellä on jano tulen syöksemisestä. Mieluiten se haluaisi juoda kokonaisen limonadijärven tyhjäksi.

Kun uni päättyy, tahtoo Lulu seikkailla vielä lisää. Tulkaa mukaan, menemme käymään kengurun luona! Mistä se mahtaa nähdä unta?

The kangaroo jumps around the candy factory and fills her pouch. Even more of the blue sweets! And more lollipops! And chocolate!

When the dream is over, Lulu wants to go on another adventure. Come along, let's visit the knight! What could he be dreaming?

Kenguru hyppii läpi makeistehtaan ja ahtaa pussinsa täyteen. Vielä lisää sinisiä karkkeja! Ja lisää tikkareita! Ja suklaata!

Kun uni päättyy, tahtoo Lulu seikkailla vielä lisää. Tulkaa mukaan, menemme käymään ritarin luona! Mistä se mahtaa nähdä unta?

The knight is having a cake fight with his dream princess. Oops! The whipped cream cake has gone the wrong way!

When the dream is over, Lulu wants to go on another adventure. Come along, let's visit the monkey! What could he be dreaming?

Ritari käy kakkusotaa unelmiensa prinsessan kanssa. Ooh! Kermakakku menee ohi!

Kun uni päättyy, tahtoo Lulu seikkailla vielä lisää. Tulkaa mukaan, menemme käymään apinan luona! Mistä se mahtaa nähdä unta?

Snow has finally fallen in Monkeyland. The whole barrel of monkeys is beside itself and getting up to monkey business.

When the dream is over, Lulu wants to go on another adventure. Come along, let's visit the pilot! In which dream could he have landed?

Kerrankin apinamaassa on satanut lunta! Koko apinajoukko on riemuissaan ja pelleilee.

Kun uni päättyy, tahtoo Lulu seikkailla vielä lisää. Tulkaa mukaan, menemme käymään lentäjän luona, mihin uneen hän on mahtanut laskeutua?

The pilot flies on and on. To the ends of the earth, and even farther, right on up to the stars. No other pilot has ever managed that.

When the dream is over, everybody is very tired and doesn't feel like going on many adventures anymore. But they'd still like to visit the lion cub.

What could she be dreaming?

Lentäjä lentää ja lentää. Maailman loppuun ja vielä eteenpäin tähtiin asti.
Siihen ei ole vielä kukaan toinen lentäjä pystynyt.
Kun uni päättyy, ovat kaikki jo hyvin väsyneitä, eivätkä he tahdo enää
seikkailla niin paljon. Mutta vauvaleijonan luona he haluavat vielä käydä.
Mistä se mahtaa nähdä unta?

The lion cub is homesick and wants to go back to the warm, cozy bed.
And so do the others.

And thus begins ...

Vauvaleijonalla on koti-ikävä ja se haluaa takaisin lämpimään, pehmoiseen petiin.

Ja muut myös.

Ja siellä alkaa ...

... Lulu's
most beautiful dream.

... Lulun kaikista kaunein uni.

The authors

Cornelia Haas has been illustrating childrens' and adolescents' books since 2001. She was born near Augsburg, Germany, in 1972. She studied design at the Münster University of Applied Sciences and is currently a professor on the faculty of Münster University of Applied Sciences teaching illustration.

Foto: Ingrid Hagenreich

Ulrich Renz was born in Stuttgart, Germany, in 1960. After studying French literature in Paris he graduated from medical school in Lübeck and worked as head of a scientific publishing company. He is now a writer of non-fiction books as well as children's fiction books.

Do you like drawing?

Here are the pictures from the story to color in:

www.sefa-bilingual.com/coloring

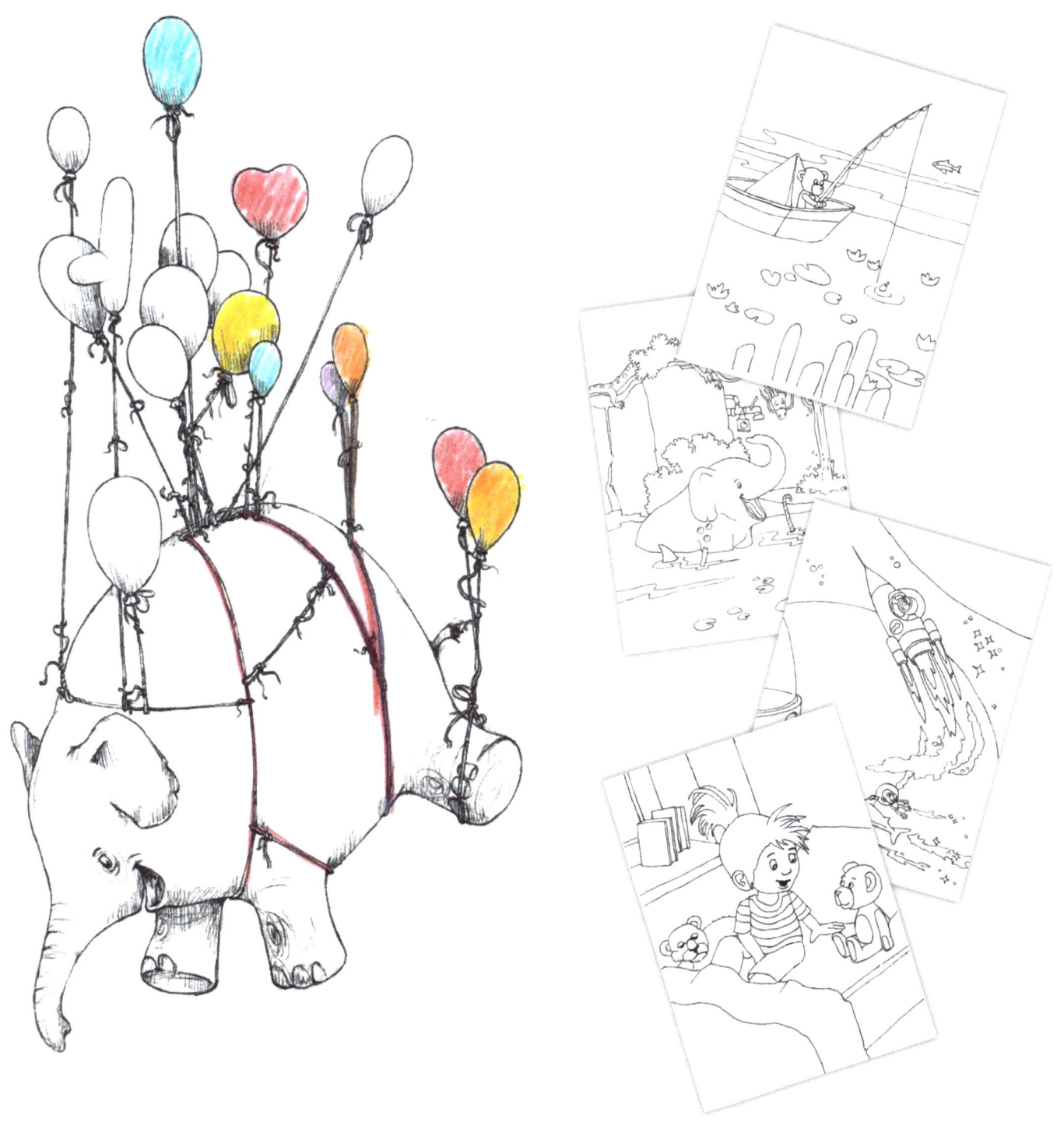

Sleep Tight, Little Wolf

For ages 2 and up

with online audio and video

Tim can't fall asleep. His little wolf is missing! Perhaps he forgot it outside?
Tim heads out all alone into the night – and unexpectedly encounters some friends...

Available in your languages?

► Check out with our „Language Wizard":

www.sefa-bilingual.com/languages

Ulrich Renz · Marc Robitzky

The Wild Swans

Villijoutsenet

Based on a fairy tale by

Hans Christian Andersen

+ audio   + video

English   bilingual   Finnish

The Wild Swans

Based on a fairy tale by
Hans Christian Andersen

Recommended age: 4-5
and up

„The Wild Swans" by Hans Christian Andersen is, with good reason, one of the world's most popular fairy tales. In its timeless form it addresses the issues out of which human dramas are made: fear, bravery, love, betrayal, separation and reunion.

Available in your languages?

► Check out with our „Language Wizard":

www.sefa-bilingual.com/languages

© 2024 by Sefa Verlag Kirsten Bödeker, Lübeck, Germany

www.sefa-verlag.de

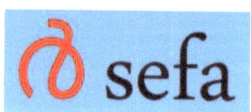

Special thanks for his IT support to our son, Paul Bödeker, Freiburg, Germany

ISBN: 9783739963198

www.ingramcontent.com/pod-product-compliance
Lightning Source LLC
Chambersburg PA
CBHW041443120626
46547CB00002B/331